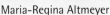

Maria-Regina Altmeyer

Michael Altmeyer

Liebe Leserin,
lieber Leser!

Ein Blick durchs Fenster genügt, um zu sehen: Es wird Herbst! Überall leuchtet es in den schönsten Farben.

Der Herbst mit seinen warmen Farben ist eine Zeit des Umbruchs. Die sonnigen Tage werden immer weniger, das Leben spielt sich wieder überwiegend in Haus und Wohnung ab. Man hat wieder Muße, sich kreativ zu beschäftigen. Lassen Sie sich von der bunten Pracht anregen und holen Sie sich den Herbst in Ihr Heim. Mit Papier und Schere ist das ganz einfach. Sie brauchen nur Tonkarton in herbstlich gedeckten Farben, Klebstoff und natürlich etwas Zeit. Ob Sie nun lustige Drachen steigen, eine Vogelscheuche schelmisch aus dem Fenster blicken lassen oder doch mehr Spaß an den fröhlichen Blättermännchen haben – für jeden ist sicherlich ein Lieblingsmotiv dabei.

Wir wünschen Ihnen viel Freude beim Aussuchen und Basteln und viele, viele bunte Herbsttage.

Inhaltsverzeichnis

Material- und Arbeitshinweise

Papiere

Sämtliche Motive werden aus Ton- oder Fotokarton von 220g/qm bis 300 g/qm gefertigt. Diese Kartonstärke gewährleistet eine gute Stabilität der Modelle. Motive, die aus geprägtem Tonkarton gearbeitet werden, erhalten schon allein durch dessen Oberflächenstruktur einen besonderen Reiz.

Kleben der Motive

Bei den meisten Modellen genügt ein normaler Alleskleber. Den Klebstoff sparsam und etwas vom Rand entfernt auftragen, damit beim Zusammendrücken der Kartonteile kein Kleber hervorquillt. Für Kinder sehr gut geeignet sind die im Handel erhältlichen Klebestifte.
Heißkleber eignet sich für besonders stabile Verbindungen. Dieser Kleber gehört aber keinesfalls in Kinderhände.

Folgendes Grundmaterial und Werkzeug wird immer benötigt, es wird daher in den Materiallisten nicht mehr extra aufgeführt.

- *Transparent- oder Architektenpapier*
- *Karton oder starkes Papier*
- *mittelgroße, spitze Schere (Papierschere)*
- *Nagelschere, Cutter*
- *Schneideunterlage (oder kräftiger Karton)*
- *Bleistifte (Stärke HB, 2H)*
- *Radiergummi*
- *Lineal*
- *Alleskleber, Klebefilm*
- *Arbeitsunterlage zum Schutz des Arbeitstisches*

Aufhängung

Fensterbilder entweder mit Klebefilm direkt am Fenster befestigen oder mit einem Faden vor dem Fenster aufhängen. Bei größeren Motiven zwei Fäden verwenden. Vor dem Anbringen des Aufhängefadens das Motiv mit den Fingern austaxieren. Hier mit einer Nadel einige Millimeter vom Motivrand entfernt ein Loch einstechen und den Aufhängefaden durchfädeln.

Tipps und Tricks

Beim Ausschneiden von zwei gleichen Teilen ein Motiv gespiegelt arbeiten, damit die Teile genau aufeinander passen. Dazu das Transparentpapier beim Abpausen einfach wenden.

Motive, die mehrmals benötigt werden, können auch mittels einer Schablone übertragen werden. Vorlage, wie oben beschrieben, abpausen, auf festen Karton kleben und an den Konturen exakt ausschneiden. Die Schablone auf den Tonkarton legen und den Umriss mit Bleistift nachfahren.

Motive übertragen

1. Transparent- oder Architektenpapier auf das ausgewählte Motiv vom Vorlagenbogen legen und mit Klebefilm sichern, damit es nicht verrutscht. Alle Linien mit einem weichen, spitzen Bleistift nachziehen.

2. Transparentpapier von der Vorlage lösen, wenden und mit der abgepausten Seite auf den Tonkarton legen. Mit Klebestreifen fixieren. Sämtliche Motivlinien nochmals mit einem harten, spitzen Bleistift nachfahren, sodass sich die zuerst gezeichneten Bleistiftlinien auf den Karton übertragen.

3. Tonkarton mit dem abgepausten Motiv auf eine Schneideunterlage legen und das Motiv mit Cutter und Schere sorgfältig ausschneiden. Nach dem Ausschneiden evtl. noch vorhandene Bleistiftlinien mit einem Radiergummi vorsichtig entfernen.

4. Gesichter und Innenlinien mit Bunt- und Filzstiften aufmalen. Zum Schluss alle Einzelteile anordnen und mit Alleskleber zusammenfügen.

Herbstwichtel

Wichtel mit Blätterrock

1. Sämtliche Motivteile vom Vorlagenbogen auf den jeweiligen Tonkarton übertragen und sorgfältig ausschneiden. Die Blätter aus Regenbogen-Tonkarton fertigen, dabei unterschiedliche Farbverläufe wählen.

2. Die Wangen mit rotem Buntstift gestalten. Blattadern, Mund und Augen sowie die Linien auf Hemd und Schuhe mit schwarzem Filzstift aufmalen.

3. Für den Rock drei Blätter leicht versetzt übereinander kleben. Anschließend das Hemd beidseitig fixieren, dabei gleichzeitig eine 12 cm lange Papierkordel als Arme zwischenfassen und festkleben.

4. Als Beine zwei jeweils 6 cm lange Papierkordeln zwischen dem Blätterrock platzieren und fixieren.

5. Schuhe und Kragen anbringen. Dann den Kopf auf den Kragen kleben und mit Hut und Blatt ergänzen. Zum Schluss die Hände platzieren.

Wichtel mit Hose

Der Wichtel wird ähnlich wie der beschriebene Wichtel gearbeitet. Die Beine bestehen hier aus zwei jeweils 2,5 cm langen Papierkordeln. Die Kordeln zwischen die beiden Umschlaghälften der Hose kleben.

Material

- Grundmaterial (siehe Seite 4)
- Tonkarton in Chamois, Orange, Rot und Grasgrün
- Regenbogen-Tonkarton mit Verlauf von Gelb nach Rot
- Papierkordel mit Drahteinlage in Orange, ca. 41 cm lang
- Buntstift in Rot
- Filzstift in Schwarz

Vorlage 1, Bogen A

Fröhlicher Steinpilz

1. Sämtliche Einzelteile auf den jeweiligen Tonkarton übertragen und ausschneiden. Dann Augen und Nase aufkleben.

2. Wangen mit braunem Buntstift aufmalen. Augen schwarz umranden und mit den Pupillen ergänzen. Augenbrauen, Mund, Fältchen sowie Blätter, Schuhe und Pilze mit dem Filzstift gestalten, siehe Abbildung.

3. Den Pilzhut mit dem rehbraunen Lamellenteil vervollständigen, dann den Kopf fixieren und das Blatt aufkleben.

4. In die braunen Schuhbesätze je ein Loch stanzen. Etwa 4 cm lange Papierkordeln durchziehen und die Besätze auf die Schuhe kleben.

5. Zwei 4 cm lange Papierkordeln für die Arme zuschneiden. Arme und Beine mit Heißkleber auf der Pilzrückseite fixieren. Die Hände ebenfalls mit Heißkleber befestigen.

6. Die kleine Pilze zusammenkleben und die Flicken ergänzen. In Pilze und Blatt Löcher einstechen und die Teile mit Draht übereinander zu einer Kette arrangieren. Den Draht zuvor über einen Zahnstocher zu einer Spirale drehen. Zum Schluss die Motivkette an einer Pilzhand befestigen.

Material

- Grundmaterial (siehe Seite 4)
- Tonkarton in Weiß, Chamois, Grasgrün, Hellbraun und Rehbraun
- Papierkordel mit Drahteinlage in Natur, 16 cm lang
- Blumendraht in Braun, Ø 0,3 mm

- Buntstift in Braun
- Filzstift in Schwarz
- Zahnstocher
- Lochzange
- Nadel
- Heißkleber

Herzlich Willkommen!

1. Den Igelkörper auf rehbraunen, das Stachelkleid auf hellbraunen und das Auge auf weißen Tonkarton übertragen und ausschneiden. Dann das Stachelkleid leicht versetzt auf den Körper kleben und das Auge fixieren.

2. Mit braunem Buntstift die Wangen tönen. Nase, Pupille, Augenrand und Bartstoppeln mit schwarzem Filzstift gestalten.

3. Mit den Motivlochern je eine Blüte ausstanzen und aufeinander kleben. Die Blüte am Igel platzieren

4. Das Schild einmal aus grünem, einmal aus rehbraunem Tonkarton ausschneiden. Die Teile leicht versetzt aufeinander kleben und mit schwarzem Filzstift frei Hand oder mithilfe der Vorlage beschriften. Randmuster mit braunem Filzstift aufmalen. Das Schild mit zwei Blüten dekorieren.

5. Mit der Lochzange bei kleinster Einstellung die Aufhängelöcher in Igel und Schild stanzen, siehe Markierungspunkte.

6. Für die Blumenketten mehrere verschiedene Blüten mit den Motivlochern ausstanzen und je eine kleine und eine große Blüte aufeinander kleben. In die Blütenmitten je ein Loch stanzen. Blumendraht über einen Bleistift zur Spirale drehen, die Blüten daran auffädeln und die Blumenketten am Schild einhängen.

7. Den Igel mit einer Drahtspirale am Schild befestigen und zusätzlich unten mit einer kurzen Blumenkette verzieren.

8. Aus Draht eine Aufhängespirale formen und am Schild fixieren. Zuletzt aus Naturbast eine große Schleife befestigen.

Tipp: *Den Igel verkleinern und auf der Rückseite einen Blumendraht mit Heißkleber befestigen. Schon entstehen lustige kleine Herbststecker.*

Material

- *Grundmaterial (siehe Seite 4)*
- *Tonkarton in Weiß, Gelb, Orange, Grasgrün, Hellbraun und Rehbraun*
- *Naturbast*
- *Motivlocher „Gänseblümchen", klein, medium*

- *Motivlocher „Blume", klein und medium*
- *Buntstift in Braun*
- *Filzstift in Braun und Schwarz*
- *Blumendraht in Braun, Ø 0,65 mm*
- *Rundzange*
- *Lochzange*

Vorlage 3, Bogen A

Erle und Eiche

Erlenmädchen

1. Den Körper einmal, die übrigen Motivteile je zweimal auf den jeweiligen Tonkarton übertragen und zuschneiden.

2. Beidseitig das Blatt, die Haare und das Haarband auf dem Körper fixieren. Das Auge ergänzen und mit Filzstift schwarz umranden.

3. Nase und Wange mit rotem Buntstift betonen. Mundlinie und Augenbraue sowie das Muster der Erlenzapfen mit schwarzem Filzstift, Haar- und Blattlinien mit braunem Filzstift gestalten.

4. Beidseitig die Arme fixieren. Den Erlenzapfen mit etwas Draht befestigen.

5. Kleine Blätter mit Zapfen ergänzen. An den Markierungen (siehe Vorlage) mit einer Nadel Löcher einstechen, Nylonfaden durchziehen und die Zapfen übereinander zu einer Kette arrangieren. Zum Schluss den Aufhängefaden am Kopf des Erlenmädchens befestigen.

Eichelmännchen

Das Eichelmännchen ähnlich wie das Erlenmädchen gestalten. Die Eicheln mit den Hütchen ergänzen. In die Hand bekommt das Eichelmännchen zwei an einem Draht befestigte Eicheln. Den Draht zuvor über einen Zahnstocher zu einer Spirale wickeln.

Tipp: *Die Früchte aus Tonkarton lassen sich natürlich auch durch echte Eicheln und Erlenzapfen ersetzen. Nutzen Sie einfach Ihren nächsten Waldspaziergang zum Sammeln.*

Material

- *Grundmaterial (siehe Seite 4)*
Für das Erlenmädchen
- *Tonkarton in Weiß, Chamois, Hellgrün, Rehbraun und Dunkelbraun*
- *Blumendraht in Braun, Ø 0,3 mm*
- *Buntstift in Rot*
- *Filzstifte in Braun und Schwarz*
- *Nadel*
- *Nylonfaden*

Für das Eichelmännchen
- *Tonkarton in Weiß, Chamois, Rehbraun und Dunkelbraun*
- *Blumendraht in Braun, Ø 0,3 mm*
- *Buntstift in Rot*
- *Filzstifte in Braun und Schwarz*
- *Zahnstocher*
- *Nadel*
- *Nylonfaden*

Vorlage 4, Bogen A

Leuchtende Kürbisse

Großer Kürbis

1. Alle Motivteile auf entsprechenden Tonkarton übertragen und zuschneiden. Bei den Blättern die Blattadern mit einem Cutter sorgfältig heraustrennen.

2. Für die Kürbisranken drei etwa 30 cm lange und 1–2 mm breite Streifen aus grünem Tonkarton schneiden. Die Streifen eng über einen Bleistift wickeln und anschließend auseinander ziehen. Die Ranken mit einem Tropfen Klebstoff am Kürbis fixieren.

3. Die orangefarbenen Kürbiselemente mit 3D-Klebeplättchen auf der Grundform platzieren. Dann Stängel und Blätter aufkleben.

4. Mit einem schwarzen Filzstift die Punkte auf den Kürbis auftupfen.

Kleine Kürbisse

1. Alle Einzelteile aus Tonkarton zuschneiden. Blattadern und Kürbismuster mit schwarzem Filzstift auftragen.

2. Mit einer Nadel Löcher in die Blattstiele stechen. Blumendraht über einen Bleistift zur Spirale wickeln. Blätter auffädeln und in der Spirale verteilen. Damit die Blätter nicht mehr verrutschen, den Draht am Stiel etwas verzwirbeln.

3. Drahtenden am oberen Kürbisrand mit Heißkleber fixieren. Klebestelle mit einem aufgeklebten Stängel kaschieren.

Material

- Grundmaterial (siehe Seite 4)
- Tonkarton in Goldgelb, Orange und Grasgrün
- Blumendraht in Grün, Ø 0,35 mm
- Filzstift in Schwarz
- Nadel
- 3D-Klebeplättchen
- Heißkleber

Vorlage 5, Bogen A

Kesse Haselmaus

1. Alle Motivteile von der Vorlage auf den jeweiligen Tonkarton übertragen, siehe Grundkurs Seite 5, und sorgfältig ausschneiden. Das große Blatt, die Innenohren, Augen sowie die Blätter der einzelnen Haselnüsse jeweils doppelt anfertigen.

2. Das Gesicht mit Nase, Augen und Innenohren ergänzen.

3. Mit rotem Buntstift die Wangen gestalten und die Augen mit einem Filzstift schwarz umranden. Mundlinien, Barthaare, Pupillen und Augenbrauen sowie die Trennlinie zwischen den Füßen gestalten. Die Blattadern auf dem großen Blatt mit einem braunen Filzstift aufmalen.

4. Das große Blatt beidseitig auf den Mäusekörper kleben und auf der Rückseite den Schwanz platzieren.

5. Nun die Blätter auf Vorder- und Rückseite der Haselnüsse fixieren.

6. An den markierten Punkten (siehe Vorlage) mit einer Nadel Löcher in den Tonkarton stechen.

7. Den Blumendraht über einen Bleistift zur Spirale drehen. In diese Spirale vier Haselnüsse auffädeln und die Drahtenden durch die Löcher in den Händen ziehen. Jeweils am Ende eine weitere Haselnuss aufziehen.

Tipp: *Wenn die Maus an einem Fenster aufgehängt werden soll, kann auch auf die Drahtspirale verzichtet werden. Dann einfach viele kleine Haselnüsse locker um die Maus herum verteilen.*

Material

- *Grundmaterial (siehe Seite 4)*
- *Tonkarton in Weiß, Hellgrau, Rosa, Grasgrün, Hellbraun und Schwarz*
- *Blumendraht in Braun, Ø 0,65 mm*
- *Filzstift in Schwarz*
- *Buntstifte in Rot, Braun und Schwarz*
- *Nadel*

Kunterbunte Drachen

1. Auf Tonkarton in den entsprechenden Farben die Einzelteile der Drachen übertragen und ausschneiden.

2. Mit farblich passendem Filzstift Muster auf Drachen und Schleifen malen sowie die Wangen mit entsprechendem Buntstift etwas betonen. Gesicht und Augenrand mit Filzstift aufzeichnen.

3. Den zweigeteilten Drachen zusammenkleben. Danach Augen und Nase anbringen. Die drei Kopfschleifen auf der Rückseite befestigen, siehe Abbildung.

4. Ein etwa 10 cm langes Papierband mit Heißkleber hinter der unteren Drachenspitze befestigen. Den Schwanz mit bunten Schleifen nach Geschmack oder Abbildung dekorieren.

5. Zum Schluss die Drachen mit Miniwäscheklammern an den dünnen Zweigen eines Astes, oder wie hier an einem schönen Haselnusszweig befestigen.

Material

- Grundmaterial (siehe Seite 4)
- Tonkarton in Weiß, Gelb, Orange, Rot, Hellgrün, Grasgrün, Hellblau und Californiablau
- Papierkordel mit Drahteinlage in Orange, Grün und Blau
- Buntstift in Orange, Hellgrün und Hellblau
- Filzstift in Rot, Grün und Blau
- 3 Miniwäscheklammern
- Heißkleber

Vorlage 7, Bogen A

Zeit für Sonnenblumen

Kranz

1. Die Blüte je einmal aus Tonkarton und Color-Transparentpapier zuschneiden. Aus Tonkarton sieben Blattelemente in Hellgrün und sechs in Grasgrün anfertigen. Die Blütenmitte aus rehbraunem, den Kranzring einmal aus grasgrünem Tonkarton ausschneiden.

2. Nun die Kartonteile wie folgt prägen: Das entsprechende Kartonmotiv mit der Vorderseite auf eine weiche Unterlage legen. Mit einem Prägestift vorsichtig die Blattlinien und das Sonnenblumenmuster nachziehen, dabei die Linien mit leichtem Druck mehrmals nachfahren. Vor dem Prägen können die Blätter noch zusätzlich leicht gewölbt werden, dazu einen Prägestift mit größerem Kugelkopf verwenden.

3. Die Blätter versetzt zueinander auf dem Kranzring anordnen und mit Klebstoff fixieren. Blätterkranz mit Schleifen aus Organzaband und Satinbändern dekorieren.

4. Die Blüte aus Tonkarton etwas versetzt auf die Transparentpapierblüte kleben und die Blütenmitte anbringen. Zum Schluss die Sonnenblume im Blätterkranz platzieren.

Tischband

1. Für das Tischband je eine Blüte, wie beim Kranz beschrieben, und zwei Blattelemente anfertigen. Zusätzlich ein Oval zur Befestigung der Bänder ausschneiden.

2. Dann die Motivteile prägen, wie in Punkt 2, Anleitung Kranz, beschrieben.

3. Organzaband und Satinbänder auf das Tonkartonoval kleben, anschließend die Blätter und zuletzt die Blüte fixieren. Die Bandenden spitz zuschneiden.

4. Das Schmuckband direkt auf den Tisch legen oder, wie hier zu sehen, in einer Glasröhre für Teelichter arrangieren.

Material

- *Grundmaterial (siehe Seite 4)*

Für den Kranz
- *Tonkarton in Sonnengelb, Hellgrün, Grasgrün und Rehbraun*
- *Color-Transparentpapier in Sonnengelb*
- *Organzaband in Gelb, 2,5 cm breit, 40 cm lang*
- *Satinband in Gelb und Hellgrün, 3 mm breit, je 60 cm lang*
- *Prägestift*
- *Moosgummi oder mehrere Lagen Haushaltpapier als Unterlage*

Für das Tischband
- *Tonkarton in Sonnengelb, Hellgrün, Grasgrün und Rehbraun*
- *Color-Transparentpapier in Sonnengelb*
- *Organzaband in Gelb, 2,5 cm breit, 30 cm lang*
- *Satinband in Gelb und Hellgrün, 3 mm breit, je 30 cm lang*
- *Prägestift*
- *Moosgummi oder mehrere Lagen Haushaltpapier als Unterlage*

Lustige Vogelscheuche

1. Kopf, Halstuch, Haare, Augen und Nase der Vogelscheuche je einmal, die übrigen Motivteile jeweils doppelt auf entsprechend farbigen Tonkarton übertragen und sorgfältig ausschneiden.

2. Die Beine zwischen die Hose kleben. Anschließend das Hemd beidseitig fixieren und dabei die Arme an den Ärmelenden zwischenfassen. Das Halstuch auf das Hemd aufkleben.

3. Gesichtslinien mit Filzstift aufmalen, Wange mit rotem Buntstift gestalten.

4. Den Kopf mit Augen, Nase und Haarschopf vervollständigen. Augen mit Filzstift schwarz umranden und die Pupillen ergänzen.

5. Nun die Flicken platzieren und die Nähte aufmalen. Zuletzt die beiden Grasbüschel auf Vorder- und Rückseite befestigen.

6. Beine, Schnabel, Flügel und Augen beidseitig auf die Raben kleben und die Pupillen aufmalen.

7. Mit einer Nadel Löcher in die beiden Raben und die Hände der Vogelscheuche stechen. Nylonfaden hindurchziehen und die Raben an der Vogelscheuche befestigen.

Tipp: *Aus den Motiven lässt sich auch ein pfiffiges Herbstmobile gestalten. Dazu die Vogelscheuche und viele Krähen einfach mit dünnen Nylonfäden an Mobiledrähten aufhängen.*

Material

- Grundmaterial (siehe Seite 4)
- Tonkarton in Weiß, Chamois, Sonnengelb, Orange, Rot, Hellgrün, Grasgrün und Schwarz
- Buntstift in Rot
- Filzstift in Schwarz
- Nylonfaden
- Nadel

Vorlage 9, Bogen B

Im Eichenwald

1. Alle Motivteile vom Vorlagenbogen auf den jeweiligen Tonkarton übertragen, siehe Grundkurs Seite 5. Dabei den Körper je Eichhörnchen einmal, Füße, Pfoten, Augen und Ohren jeweils doppelt zuschneiden.

2. Die Augen beidseitig aufkleben und mit Filzstift umranden. Die Wangen mit rotem Buntstift gestalten.

3. Nase, Pupillen und die Konturlinien der Pfoten, der Füße und des Schwanzes ebenfalls mit schwarzem Filzstift aufmalen.

4. Füße, Pfoten und Ohren mit 3D-Klebeplättchen beidseitig am Körper fixieren. Die Eichhörnchen mit einem Tropfen Heißkleber an den Zweigen befestigen.

5. Blätter nach Geschmack oder Abbildung auf bunten Tonkarton übertragen und sorgfältig ausschneiden. Die Blattadern mit Filzstift gestalten.

6. Die Aufhängelöcher mit der Lochzange in die Blätter stanzen, siehe Markierungspunkte. Ein Stück Blumendraht durchziehen, zur Öse biegen und die Blätter an den Zweigen einhängen.

Tipp: *Schmücken Sie mit einem Eichhörnchen und ein oder zwei Blättern eine herbstlich-bunte Grußkarte.*

Material

- *Grundmaterial (siehe Seite 4)*
- *Buntstift in Rot*
- *Filzstift in Schwarz*

- Tonkarton in Weiß, Sonnengelb, Goldgelb, Orange, Hellgrün, Grasgrün, Dunkelrot und Rehbraun
- Blumendraht in Braun, Ø 0,65 mm
- Lochzange
- 3D-Klebeplättchen

Vorlage 10, Bogen B

Ganz schön stachelig

1. Alle Motivteile vom Vorlagenbogen auf den entsprechenden Tonkarton übertragen, siehe Grundkurs Seite 5. Den Körper des Männchens einmal, alle übrigen Einzelteile doppelt zuschneiden.

2. Beidseitig das Auge aufkleben, mit schwarzem Filzstift den Augenrand nachfahren und die Pupille aufmalen.

3. Nase und Wange mit rotem Buntstift gestalten. Mund-, Hut- und Beinlinien sowie die Stacheln auf den Kastanien mit Filzstift aufmalen.

4. Nacheinander Hut, Kastanie und Arme beidseitig auf dem Körper fixieren.

5. Die kleinen Kastanien aufeinander kleben, dabei das Satinband jeweils zwischenfassen.

6. Zum Schluss die Kastanienkette um die linke Hand des Kastanienmännchens legen und festbinden.

Tipp: *Die einzelnen Kastanien vom Vorlagenbogen mit einem Kopierer etwas vergrößern und am Fenster zusätzlich rund ums Kastanienmännchen verteilen.*

Material

- *Grundmaterial (siehe Seite 4)*
- *Tonkarton in Weiß, Chamois, Hellgrün, Grasgrün und Hellbraun*
- *Buntstift in Rot*
- *Filzstift in Schwarz*
- *Satinband in Hellgrün, 3 mm breit, ca. 30 cm lang*

Lust auf Frucht?

1. Die Früchte auf entsprechend farbigen Tonkarton übertragen, zuschneiden und halbseitig mit der flachen Spitze eines Buntstifts schattieren. Den Strunk an Apfel und Birne mit Filzstift gestalten.

2. Die beiden Würmer und die Blätter auf Tonkarton in verschiedenen Grüntönen anfertigen. Die Blätter über einen Bleistift ziehen, sodass sie sich etwas wölben. Die Wangen mit grünem Buntstift tönen und Augen und Körperlinien sowie die Blattlinien mit einem schwarzen Filzstift aufmalen.

3. Mit dem Cutter Schlitze in Birne und Apfel schneiden, siehe Markierung, die Würmer einschieben und mit 3D-Klebeplättchen fixieren. Auf Vorder- und Rückseite der Früchte je ein Blatt mit Klebe-

plättchen befestigen. In die übrigen Blätter und in die Früchte mit der Nadel Aufhängelöcher stechen.

4. Den Blumendraht mit einer Rundzange zu Spiralen formen und Blätter und Holzperlen auffädeln.

5. Zum Schluss Äpfel und Birnen zusammen mit den Drahtspiralen zu zwei Früchteketten arrangieren.

Tipp: *Statt aus einfarbigem Tonkarton können Sie Apfel und Birne auch aus Regenbogentonkarton arbeiten, dabei auf den passenden Farbverlauf (Apfel von rot nach gelb, Birne von gelb nach grün) achten. Auf die Schattierung mit Buntstiften kann dann verzichtet werden.*

Material

- Grundmaterial (siehe Seite 4)
- Tonkarton in Gelb, Hellgrün, Grasgrün, Dunkelgrün und Rot
- Holzperlen, Ø 8 mm, 6 x in Gelb, 4 x in Rot
- Buntstifte in Gelb und Grün
- Filzstift in Schwarz
- Blumendraht in Braun, Ø 0,65 mm
- Nadel
- Rundzange
- 3D-Klebeplättchen

Vorlage 12, Bogen B

Waldeule

1. Die Einzelteile der Eule und den Ast auf den jeweiligen Tonkarton übertragen und ausschneiden, dabei Auge und Flügel jeweils doppelt anfertigen.

2. Aus Regenbogen-Tonkarton mehrere Blätter in unterschiedlichen Größen zuschneiden, dabei den Farbverlauf so wählen, dass der Eindruck von buntem Herbstlaub entsteht.

3. Mit Filzstift die Augen und den Ast umranden. Pupillen, Ohr- und Halsfalten sowie die Ast- und Blattmaserungen ebenfalls mit schwarzem Filzstift gestalten.

4. Den Schnabel aufkleben, darüber die mehrteiligen Augen anbringen. Dann seitlich auf Vorder- und Rückseite je einen Flügel fixieren. Ast mit 3D-Klebeplättchen befestigen und mit beliebig vielen Herbstblättern dekorieren.

5. Einen beliebig langen Blumendraht über einen Bleistift zur Spirale wickeln. Den Draht mit einigen Blättern schmücken. Ein Loch in den Kopf der Eule stechen und den Aufhängedraht befestigen.

Tipp: *Sehr dekorativ wirkt es, wenn die Waldeule statt an einem Ast aus Tonkarton, auf einem echten Ast befestigt wird. Dazu die Eule mit einem Tropfen Heißkleber am Ast fixieren und zusätzlich mit einer Schleife aus bunten Bändern ausschmücken.*

Material

- Grundmaterial (siehe Seite 4)
- Tonkarton in Weiß, Goldgelb, Orange, Hellbraun und Braun
- Regenbogen-Tonkarton
- Blumendraht in Braun, Ø 0,3 mm
- Filzstift in Schwarz
- 3D-Klebeplättchen

Vorlage 13, Bogen B

Impressum

Entwürfe und Realisation:
Maria-Regina & Michael Altmeyer
Redaktion und Lektorat: Petra Hassler
Fotos: Michael Altmeyer
Styling: Maria-Regina & Michael Altmeyer
Umschlaggestaltung: Franziska Döhler
Layout und Produktion: buchkonzept@web.de
Druck und Verarbeitung: Himmer AG, Augsburg

ISBN 978-3-86673-055-7
Art.-Nr. 2055

© 2007 in der OZ-Verlags-GmbH, Rheinfelden
Buchverlag OZ creativ, Freiburg
Alle Rechte vorbehalten

Sämtliche Modelle, Illustrationen und Fotos sind urhe-
berrechtlich geschützt. Jede gewerbliche Nutzung ist
untersagt. Dies gilt auch für eine Vervielfältigung bzw.
Verbreitung über elektronische Medien.

Autoren und Verlag haben alle Angaben und Anleitun-
gen mit größtmöglicher Sorgfalt zusammengestellt.
Dennoch kann bei Fehlern keinerlei Haftung für direkte
oder indirekte Folgen übernommen werden.

Herstellerverzeichnis

Ursus, Buntpapierfabrik Ludwig Bär, Kassel

über Hobby- und Bastelfachhandel

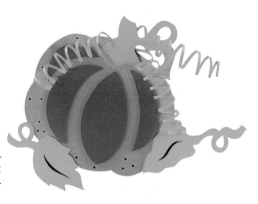

CREATIV-HOTLINE
WIR SIND FÜR SIE DA!

Brauchen Sie einen Ratschlag
zum Thema Handarbeiten,
Basteln oder Dekoration?
Haben Sie Fragen zu einer
Anleitung oder zu einer
speziellen Kreativtechnik?
Unsere Fachberaterinnen
helfen Ihnen gerne weiter:

**Montag bis Freitag
von 10.00 bis
16.00 Uhr unter der
Rufnummer:**

0 76 23 / 96 44 17

Oder schicken Sie eine Postkarte an:
OZ-Verlags-GmbH
Leser-Service, Römerstraße 90
79618 Rheinfelden